はじめよう！
ふだん着物ライフ

デニム着物の本

着物屋くるり

河出書房新社

はじめに

「デニム」。
その歴史は意外にも古いものです。

西暦１４９２年、アメリカ新大陸を発見したコロンブスの帆船、サンタマリア号の帆として使われていた帆布が、なんと「デニム」だったということをご存知でしょうか？　サンタマリア号をアメリカ大陸へと導き続けた「風」を受けていた帆が、デニムで作られていたとは。デニムが持つ歴史の凄まじさに驚かされます。その後、サンタマリア号とともに海を渡ったデニムは、ゴールドラッシュに沸くアメリカで、開拓民である鉱夫たちの労働着としてアメリカの発展を担っていきます。

今や、デニムはジーンズやバッグなど、さまざまな衣料品としてカタチを変え、「カジュアル・ファッションの定番素材」として、世界中の人々から愛され続けています。

東京・表参道にある着物屋くるりは、いち早く着物の素材としてデニムに注目しました。普段着として気軽に楽しむための着物なら、着心地のよさはもちろんのこと、体のどんな動きにも耐えられるような素材でなければなりません。そんなカジュアル着物の素材ならば、カジュアル・ファッションの定番素材であるデニムが最適なのではと考えました。

そして、数年におよぶ開発の試行錯誤の結果、くるりは、カジュアルシーンで楽しむ着物の素材としてデニムがベストであると確信するに至ったのです。

デニム着物の魅力を、もっとたくさんの方に知っていただきたい。どんどん着て街に出かけてもらいたい。そんな思いからこの本を作りました。カジュアルな着物の定番として「デニム着物」が、たくさんの方に愛されていきますように。

着物屋くるり

もくじ

はじめに …… 2

CHAPTER 1
デニム着物コーディネート

そもそも、デニム着物って？ …… 8
デニム着物を着こなす …… 10

CHAPTER 2
デニム着物のいいところ

着心地が快適 …… 36
紬のような風合い …… 38
コーディネートが簡単 …… 40
手入れが楽 …… 44
着る人を選ばない …… 48
リーズナブル …… 50
スリーシーズン楽しめる …… 52
さまざまなデニム着物がある …… 54
いろいろなシーンで活躍 …… 58

CHAPTER 3
デニム着物の着こなしレッスン
～くるりの10か条～

1 半衿と足袋は、白 …… 68
2 帯結びは角出《つのだ》し …… 70

3 模様入り帯揚げで存在感を …… 72
4 帯締めにポイント色を …… 74
5 モチーフのない帯留めを選ぶ …… 76
6 バッグは洋服のときのもので …… 78
7 防寒にはショールを巻く …… 80
8 舟形の下駄がおすすめ …… 82
9 二部式襦袢《じゅばん》が便利 …… 84
10 うなじを見せるヘアスタイル …… 86

CHAPTER 4
デニム着物を着てみましょう

肌着の選び方 …… 94
二部式襦袢を着る …… 95
デニム着物を着る …… 98
名古屋帯を結ぶ（角出し） …… 102
半幅帯を結ぶ（割り角出し結び）…… 106
くるりのデニム着物が買える店 …… 110
おわりに …… 111

column

デニム着物ヒストリー …… 30
デニム着物について、くるりスタッフからの生の声 …… 62
くるりスタッフのデニム着物 …… 88

＊本書で紹介しているデニム着物はすべて、くるりの商品です。帯、小物はくるりの商品のほか、私物もあります。
デニム着物や帯、小物についてのお問い合わせは、株式会社くるり（tel 03-3403-0633）まで。

Coordination

1
CHAPTER

デニム着物コーディネート

デニム着物は、無地でプレーン。だからこそ、合わせる帯や小物によって、印象をさまざまに変えることができるのです。

そもそも、
デニム着物って？

「デニム着物」と聞いて、どんなイメージを持ちますか？「デニム地だから気楽に楽しめそう」。そんなメリットを思い浮かべる一方、「硬そう」「重たい？」「歩きづらそう」……。疑問や不安な部分もたくさん出てきそうです。

　デニム着物は、その名前の通り、デニム地で作られた着物ですが、くるりのデニム着物は、いわゆるジーンズとは印象のかなり違う生地で作られています。とても軽くて柔らかく、着心地抜群なのが特長です。

デニム着物の魅力は、ほかにも、手入れの手軽さとコーディネートの簡単さ。着物初心者から上級者まで、また、老若男女、年齢、性別を問わずに楽しめるというメリットもあります。

さて、くるりのデニム着物の定番は、ブルー、ブラック、チャコールの3色。ブルーは、もっともデニムらしく、カジュアル色の強い色。ブラックは、ブルーよりも落ち着いた雰囲気を持ち、合わせる帯を一番選ばない色。そして、チャコールは、カジュアルながらも上品な着こなしを楽しめる色です。

そんな定番3色。合わせる帯や小物によって、さまざまなコーディネートを楽しめます。

デニム着物を着こなす

10

紅型《びんがた》が主役の スタイリッシュモダン

ブルーデニムに、絶妙な色合いが魅力の、「紅型染め」の名古屋帯を。帯揚げと帯締めは、帯になじむ色を選び、紅型の色合いを引き立たせたコーディネートです。

色合いを楽しむ
ふんわり上品スタイル

シックなブラックデニムには、合わせる帯や小物の色がよく映えます。発色のよい型染めの帯には、女性らしい雰囲気を与えてくれる藤色の帯揚げをプラス。ふんわりとした大人の着こなしに。

シンプルな帯には柄が多めのバッグでアクセントを

チャコールデニムに、優しい雰囲気の帯を合わせたコーディネート。シンプルな柄行の帯には、柄が多めの小物を合わせると、ポイントとして引き立ち、バランスのとれた着こなしになります。

ポイントカラーが引き立つ シックめコーディネート

シックな色合いのコーディネートには、引き立つポイントカラーを。帯地の赤や帯締めのすもも色が、魅力的で女性らしい雰囲気を与えてくれます。

上田紬《つむぎ》の帯で楽しむ
大人のカジュアルスタイル

ブラックデニムに、チェックの上田紬の帯を合わせて。チェックの帯でも、トーンを抑えた小物を合わせれば、子どもっぽくなりません。大人の女性が楽しめる、スタイリッシュな着こなしに。

モダンスタイルには、甘い色合いをさし色に

ざっくりとした風合いの、織りの帯を締めれば、よりカジュアルな着こなしに。落ち着いた色合いの帯でも、帯まわりの小物を優しい色合いでまとめると、ほんのり甘い雰囲気になります。

色で遊ぶ、ポップなモダンスタイル

ポップでモダンな着こなしを楽しみたいときには、メリハリのあるカラーを帯まわりにセレクト。パッと目を引くような、発色のよいネオンカラーがおすすめです。

バッグがポイントの、キュートな着こなし

キュートな小物を合わせて、とびきり可愛いお出かけスタイルに。合わせる帯や小物の色合いを3色くらいに絞ると、甘めの着こなしでも、すっきりとまとまります。

18

アンティーク独特の
カラーバランスが
存在感大

アンティークならではの色合いが目を引く着こなし。半衿もアンティークのものを選んで、レトロを満喫します。多彩な色合いの組み合わせでも、1カ所に暗色をとり入れれば、着こなしがぐっと引き締まります。

鮮やか小物が引き立つ
アンティークスタイル

シックな色合いのアンティーク帯には、華やかで発色のよい帯揚げや帯締めをプラスして。「目を引く色合い」をとり入れることが、アンティークスタイルを楽しむポイントです。

暖色系アイテムで温かみのある着こなしを

肌寒い季節には、帯や小物に暖色系の色合いをとり入れてみましょう。温かみのある着こなしになります。帯に柄があるときは、シンプルなショールがおすすめです。

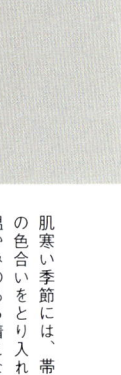

凛《りん》としたお出かけスタイルで、スタイリッシュに

デニム着物に羽織を合わせれば、インパクトも十分。羽織が一層引き立つように、合わせる帯はシンプルなものを選ぶといいでしょう。

ちらりとのぞく豆留めで小技をきかせて

シンプルなコーディネートにワンポイント。ミツバチの「豆留め（ごく小さい帯留め）」をお太鼓の横からのぞかせてみます。アイテムをさりげなくプラスするのがコツ。

遊び心あふれる帯で、個性的な着こなしを楽しむ

とびきりはじけた着こなしを楽しみたいなら、インパクトのある帯を合わせて。はっきりとした色合い、遊び心あふれる柄行の帯なら、個性的な着こなしを楽しめます。

24

愛らしさをのぞかせる大人可愛いスタイル

バラが刺しゅうされた、シックな黒地の帯に、甘い色合いの小物をとり入れたスタイル。デニム着物のカジュアル感が甘さをほどよく抑え、大人っぽくも可愛い雰囲気に。

メルヘンな帯を主役にして楽しむ

柄行が大きめの名古屋帯なら、存在感抜群。魅力的な後ろ姿を楽しめます。主役である帯が引き立つよう、バッグなど、合わせる小物はシンプルにまとめるのが成功のコツ。

モノトーンカラーできちんと感を演出

モノトーンカラーのコーディネートには、効果的なさし色になるような小物をセレクト。さらに、キラキラ輝く帯留めもプラスすれば、パーティースタイルの完成です。

美しさと愛らしさを兼ね備えたパーティースタイル

ふんわりした、優しい色合いでまとめたパーティースタイル。ほどよい甘さ、ほどよい大人っぽさです。また、華やかさを出すのに、ビーズバッグが活躍します。

より気楽にカジュアルに楽しみたいときは、へこ帯を選んで

ブルーデニム着物＋米沢本真綿紬のへこ帯。気楽な着こなしにはへこ帯がおすすめです。無地同士の組み合わせですが、存在感のある帯締めをプラスすることで、着こなしのアクセントになります。

可愛らしい色合いの博多献上《けんじょう》帯で 定番カジュアルスタイル

カジュアルスタイルの定番といえば、「博多献上帯」。ピンクなど、可愛い色合いの献上帯なら、コーディネートにふんわりとした女性らしさを添えてくれます。

Column 1

デニム着物
ヒストリー

今のGIZAデニム着物が誕生するまで、
試行錯誤の日々でした……。

1 2000.2 始まりは一冊の写真集

『ボンジュール ジャポン（朝日新聞社）』。この写真集が、くるり制作チームに大きな衝撃を与える。「なんて、かっこいい着物姿なんだろう！」と。

2 デニム生地を思いつく

写真集の表紙の女性のように、普段着としてかっこよく楽しめる着物を作りたい！ 「それならデニムだ」と、ひらめく。

3 デニム着物なんて売れないと笑われる

「デニムの着物なんて、誰も買わない」。まわりの反応は悲惨だった。

4 2002.9 **1st デニム着物** 発表

最初に誕生したデニム着物。生地は11オンス、からし色のステッチ、綿100％、綾《あや》織《おり》。単衣《ひとえ》で、バチ衿だった。

クレームの嵐 5

鉄板を着ているみたい、重くて肩が凝る、生地が厚くて歩きにくい……。クレームの嵐だった。

2003.10
2nd デニム着物 発表 6

からし色のステッチ、綿100%、綾織、単衣、バチ衿といった点は同じものの、生地を8オンスと軽くした第2弾が誕生。

「着心地がまだイマイチ」との声 7

1st デニム着物より、風合いが柔らかく、厚みも薄くなった。しかし、まだ着心地がイマイチ。

2004.9
3rd デニム着物 発表 8

生地の重さ、厚さの改善が最優先と思い、生地を6オンスと、さらに軽くして改良。また、ステッチもなくした。

「もっと着物っぽくデニム着物を着たい」との声 9

「ファッションよりではなく、もっと着物っぽくデニム着物を着たい」との声が高まる。

次ページへ

Column 1

デニム着物ヒストリー

10 綿にシルクを混ぜてみる

着物としての高級感を出すために、シルクを混ぜる。生地にツヤと落ち着き感が生まれた。

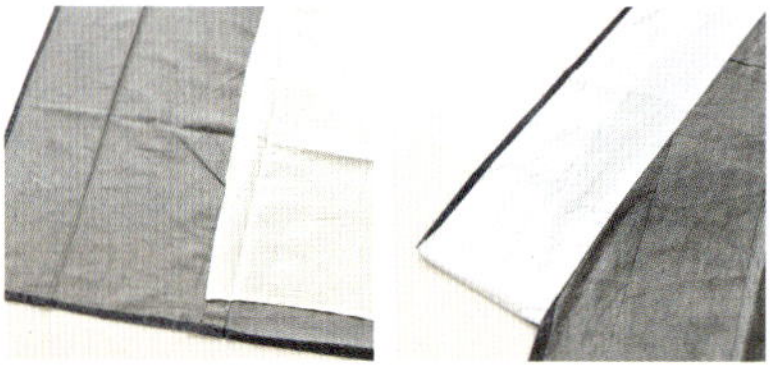

11 広衿仕立てにし、居敷あてをつける

バチ衿から広衿に、さらに、居《い》敷《しき》あてもつけて、より着物らしい仕立てに進化させていった。

12 2005.9 4th デニム着物 発表

生地は6オンスのままで、素材も正絹《しょうけん》と綿の交織にした、4thデニム着物が誕生。

13 「洗えない」との声

「洗えない」との声。お客様は、「洗える」というところに魅力を感じていたのだと痛感する。

14 綿に麻を混ぜてみる

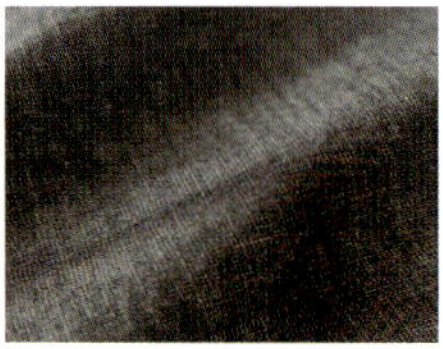

洗えることと着心地のよさを最優先に考え、まずは、素材に麻をとり入れてみる。

2006.10

5th デニム着物 発表

15

生地は6オンス、単衣で広衿、麻と綿の交織で、綾織という期待作ができ上がった。

16

縫い目に、裏面の白が出てきてしまう

洗えるようにはなったが、横に対しての力に弱い綾織の生地を使っていたため、縫い目に裏面の白が出てきてしまった。

17

綾織でなく、平織の生地に

より目の細かく密度の高い「平織」の生地を採用することに。どんな動きにも耐えられるデニム着物になった。1stデニム着物と比べると、薄くなったのが歴然（写真左）。

2007.9

6th デニム着物 発表

18

生地が5.5オンスと軽量の6thデニム着物、「GIZAデニム」を発表。軽い、柔らかい、動きやすい、手入れが楽と、着心地抜群の決定版となった。

Comfortable

2
CHAPTER

デニム着物のいいところ

着心地がよい、帯合わせが簡単、自宅で洗える、リーズナブル、いろいろなシーンで着られる……と、デニム着物は魅力満載のアイテムです。

着心地が快適

デニム着物というと、「ごわごわして重たく、着心地が悪そう……」、そんなイメージがありませんか？　でも、くるりのデニム着物は、とても軽やか。ジーンズのような重さやごわつき感はまったくありません。

それは、5・5オンスという薄手のデニム地から作られているから。一般的なジーンズは14オンスなので、5・5オンスのデニム地は驚きの軽さです。しかも、ごく薄手なので、ふんわりとした柔らかな着心地を楽しめ、裾さばきも、とてもなめらかなのです。

着物での行動を制限されることのない、ストレスフリーな着心地を楽しめます。

着ていて楽です

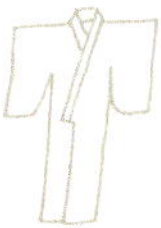

ごわつき感がなく、軽やか

5.5 オンスのデニム地から作られているため、とても軽やか。重さを感じさせない、軽やかな着心地です。

おはしょりがもたつかない

薄手のデニム地を採用しているので、おはしょりがもたつきません。すっきりとした着姿を楽しめます。

裾さばきがなめらか

ふんわりとした柔らかな風合いのデニム地なので、裾さばきがなめらか。歩きやすいので、動きを邪魔しません。

着崩れしにくい

綿素材は滑りにくいため、着崩れが起こりづらい点もうれしい。長時間着ていても、安心して過ごせます。

着付けやすい

滑りづらい綿素材なので、着付けも楽。着付けに慣れていない初心者の人でも、手間どることがありません。

紬《つむぎ》のような風合い

くるりのデニム着物は、紬に似た風合い。その秘密は、素材の綿にあります。一般的にデニム地は、綿の繊維が長ければ長いほど、なめらかな風合いが生まれます。くるりのデニム着物には、世界最高峰といわれる、超がつくほどの長繊維であるエジプト綿、「ＧＩＺＡ綿」を採用。そのため、腰があるのにふんわりと空気を含む、風合い豊かなデニム地となっています。

また、「ＧＩＺＡ綿」は、世界でもっとも光沢が美しいといわれる原綿。「ＧＩＺＡ綿」から作られたくるりのデニム着物は、まさにシルクのような輝き。紬に似た、なめらかな風合いを持っているのです。

大島紬とデニム着物

大島紬

普段着着物の最高峰「大島紬」。着込めば着込むほど肌になじむ着心地のよさ、軽くてしなやかな風合い、そして、独特の光沢感が魅力。憧れの着物です。

デニム着物

大島紬のような、ほどよいハリ感にしなやかな風合い、そして、自然な光沢感。くるりのデニム着物は、デニム地とは思えないような着心地を楽しめます。

GIZA綿とは？

なめらかな風合いを生む長繊維綿であり、シルクのような光沢感を持つ綿。耐久性にも優れています。それは、世界中でもっとも丈夫といわれる原綿だからこそ。頻度を多く着用しても破れにくい強度があり、繰り返し洗濯をしても、毛羽立ちが少なく、柔らかな肌触りが持続します。

コーディネートが簡単

着物と帯、小物のコーディネートは、着物の楽しみのひとつではありますが、難しいのも事実。例えば、小紋や紬の着物には、さまざまな柄行や色合いがあります。そこに帯を合わせるのは、慣れないうちは大変。その上、着ていく場所や季節のことも考えて組み合わせなければなりません。でも、デニム着物は無地でシックなので、そんな悩みもありません。つまり、コーディネートが簡単なのです。

ジーンズに似合わないトップスがほとんどないように、デニム着物に似合わない帯もほとんどありません。どんな帯や小物でも、素敵なコーディネートが簡単にできるのです。

帯選びに迷いません

染めの帯でも織りの帯でもＯＫ

帯は「織り・染め」とも合わせられます。なお、カジュアル感を楽しむなら織りの帯、上品さを楽しむなら染めの帯がおすすめです。

どんな柄の帯でもＯＫ

デニム着物は基本的に無地なので、合わせる帯の柄が限定されません。好みや気分で選ぶことができます。

どんな色合いの帯でもＯＫ

ジーンズに合わない色がないように、シックな色合いのデニム着物だからこそ、帯の色を選びません。

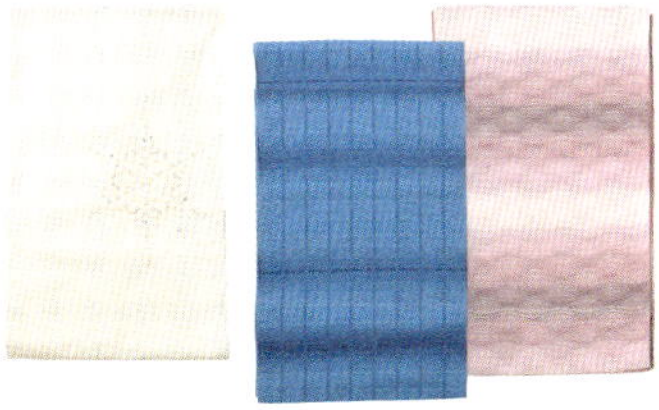

季節柄を手軽に楽しめる

デニム着物は無地なので、季節柄の帯を合わせるだけで、季節感のある着こなしを簡単に楽しめます。

アンティークの帯でもＯＫ

アンティークの着物にはアンティークの帯と、年代を合わせるのが基本。でも、デニム着物なら気にしなくて大丈夫です。

いろいろな帯を合わせてみる

Coordinate 1

＋染めの名古屋帯。上品な雰囲気の着こなしです。白地の帯は、シーンを選ばないので、何かと重宝する一本です。

Coordinate 2

＋織りの名古屋帯。カジュアルな印象の着物スタイルに。デニム着物によく映える、はっきりとした色の帯がおすすめ。

Coordinate 3

＋半幅帯。日常着として大活躍します。爽やかな印象の青地は、縞なら粋に、花柄ならキュートな雰囲気を楽しめます。

Coordinate 4

＋ファブリック帯。落ち着いた色合いのファブリック帯なら、子どもっぽくなりません。大人のカジュアルスタイルに。

手入れが楽

デニム着物の最大のメリットは、手入れが簡単なこと。自宅の洗濯機で気軽に洗えます。「家で洗える」という気楽さから、汚れを気にすることなく過ごせるのは、うれしいことです。「着物を着たいけれど、クリーニング代が心配……」という悩みも解決します。

　また、着たあとの特別な手入れも不要です。しばらくハンガーにかけて風を通してから、しまうだけ。次に着るとき、しわがあれば、ささっとアイロンをかければ大丈夫です。

　さらに、収納も、洋服と同様でOK。畳んで引き出しや衣装ケースに入れるか、洋服用のハンガーにかけても構いません。

手入れに気を使いません

洗濯機で洗える

デニム着物は、家で洗える綿素材。毛羽立ちが少なく、耐久性にも優れているので、気を使うことなく、洗濯機でジャブジャブ洗えます。

アイロンがけが気楽

長時間着ていてできたしわや、しまっている間についた畳みじわ……。アイロンをかければ、すぐしわがとれます。このとき、あて布をしてかけると安心です。

洋服と同様に収納できる

たとう紙や桐だんすに保管する必要はありません。デニム着物なら、畳んで衣装ケースや引き出しに入れるだけ。ジーンズのような気楽さでOKなのです。

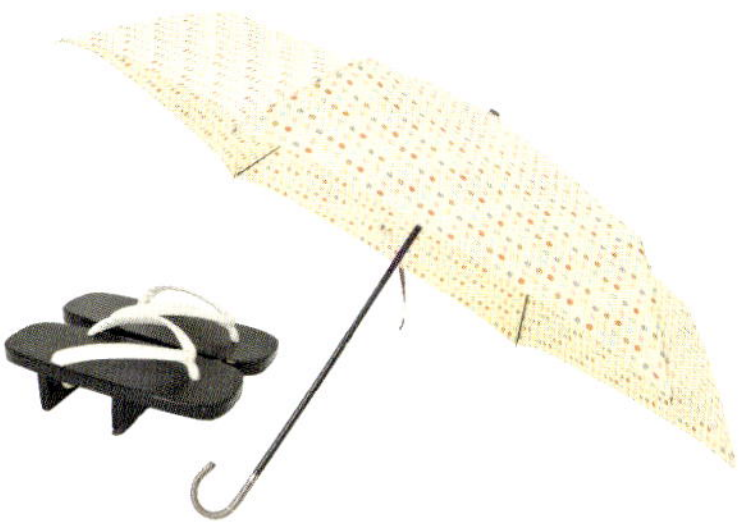

雨の日でも安心

自宅で洗えるので、雨に濡れても気になりません。雨コートなど着なくても、デニム着物なら傘だけで十分。それに、洋服と同じ傘でもしっくりなじみます。

洗濯機でデニム着物を洗う

1

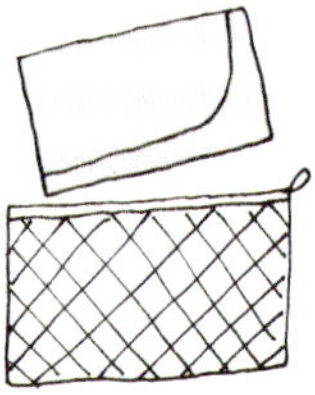

デニム着物を畳んで、洗濯ネットに

適当な大きさにデニム着物を畳み、洗濯ネットに入れます。このとき、着物は裏返さなくても大丈夫です。

2

洗濯は単独洗いで

色落ちするので、はじめの数回は単独で洗います。以後も、白やベージュなどの淡色のものとは分けて。

3

おしゃれ着洗い用洗剤を入れる

洗剤は、おしゃれ着洗い用の、中性洗剤を選びます。このとき、蛍光剤や漂白剤の入った洗剤は避けます。

4

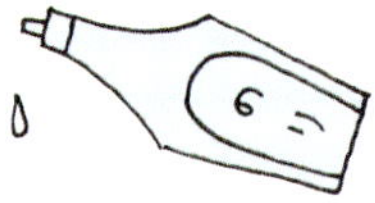

お好みで柔軟剤や洗濯のりをプラス

柔らかい風合いを楽しみたいなら柔軟剤を、パリッとした風合いを楽しみたいなら洗濯のりを入れます。

5

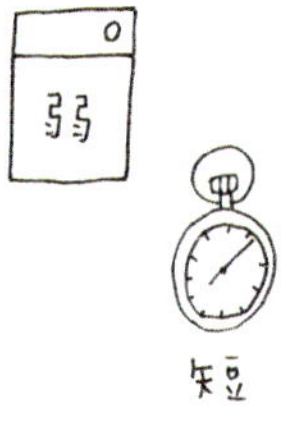

弱コースを選ぶ

手洗いコースや弱コース、ソフトコースなどを選びます。また、洗う時間は短時間のものをセレクト。

6

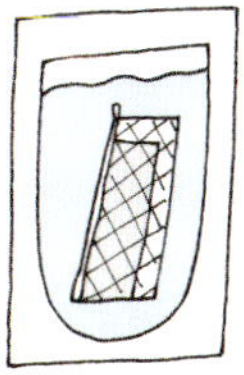

すすぎはしっかりと

洗剤分が残っていることのないよう、すすぎはしっかりとしましょう。

7

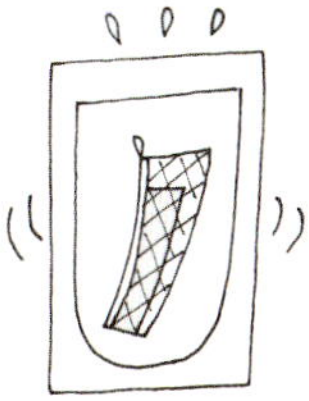

脱水は軽めに

脱水は短めに。水が滴らない程度が目安です。干したとき、着物に含んだ水の重みで、しわなく乾きます。

8

脱水終了後、すぐにとり出す

脱水後はすぐにとり出し、振りさばいて、軽くたたき、しわを伸ばします。濡れたまま放置しないようにしましょう。

9

日陰か室内に干す

日焼けによる色の変色を防ぐため、風通しのよい日陰、または、部屋干しにします。このとき、裏返さずに干してください。

10

たたいてしわを伸ばす

軽くたたいて、しわを伸ばしましょう。アイロンがけをする手間が省けます。

11

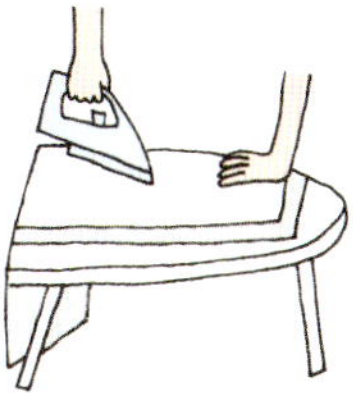

あて布をしてアイロンがけ

しわが気になるなら、完全に乾く前にアイロンをかけます。あて布をして、アイロンの温度は「中温」で。

着る人を選ばない

「私にはどんな着物が似合うのだろう?」「年齢に合った着物って、どんな着物?」。迷いますよね、自分に似合う着物選び。でも、デニム着物なら、着る人を選びません。ジーンズが似合わない人がいないように、デニム着物も、似合わない人はいないのです。

　また、着付けが楽、コーディネートも簡単なデニム着物なら、着物を始めたいと思っている人の、はじめての着物としてもおすすめ。さらに、年齢を選ばないので、合わせる帯を変えれば、一枚のデニム着物を母娘兼用で楽しめます。そして、誰でも似合うデニム着物なので、プレゼントとしても最適です。

母娘兼用で楽しむ

母

シックな色合いのモダン柄の帯がおすすめ。小物の色合いをポイントにします。衿合わせは浅めに、帯もやや低めにすると、大人の着こなしに。

娘

合わせる帯や小物には、キュートな柄や色合いのものを。衿合わせは深めに、帯もやや高めにすると、若々しい着こなしになります。

着る人を選ばないから……

プレゼントにぴったり

誰がもらってもうれしい、デニム着物。誕生日や記念日などの贈り物として。

母と娘で楽しめる

合わせる帯を替えれば、一枚のデニム着物を年齢に関係なく、母娘で楽しめます。

最初の一枚におすすめ

着付けもコーディネートも手入れも楽なので、初心者におすすめです。

リーズナブル

一般的に、着物は高額なイメージ。ところが、くるりのデニム着物なら、3万円程度と、お財布に優しい価格。ワンピースを買うくらいの値段で買えるので、着物の中では、とてもリーズナブルといえます。

しかも、着心地がよくて、真夏以外のスリーシーズン楽しめ、いろいろな場面に来ていけるので、着用頻度が増えるのは、当然のこと。使い勝手のよさは、お買い得だということにつながります。

さらにうれしいのは、クリーニング代がかからないこと。自宅の洗濯機で洗えます。

デニム着物はお得です

7~8月を除いた、10カ月間着られる

一番暑い7~8月は絽《ろ》や紗《しゃ》など、透け感のある着物を。でも、それ以外の季節なら、デニム着物でOK。

長期にわたって着られ、飽きがこない

ジーンズ同様、デニム着物も流行がないので、次のシーズンに流行遅れということはありません。

ヘビーローテーションで登場

いろんなコーディネートを簡単に楽しめるので、重宝する着物。ヘビーローテーションで活躍します。

クリーニング代がかからない

一般的に、着物のクリーニング代はかなり高額です。でも、デニム着物なら、自宅で気軽に洗えます。

手持ちのどんな帯でも合う

デニム着物に合わない帯はないので、着物に合わせて帯を新たに買う必要はありません。

友人や親子で共有できる

デニム着物は着る人を選びません。帯や小物を替えれば、親子や姉妹、友人と共有で楽しめます。

3万円程度で買える

くるりのデニム着物なら、3万円程度で買うことができます。洋服を買う価格とあまり変わりません。

スリーシーズン楽しめる

デニム着物は、盛夏を除き、スリーシーズンでの着用が可能。春や秋はもちろん、寒い冬にも楽しめます。なお、、初夏の6月は着用OKですが、7～8月は透け感のある着物を着る季節なので、デニム着物は避けます。

初夏は、筒袖の半衿つき半襦袢《はんじゅばん》にすると、涼しく着られます。また寒い冬は、保温性のある肌着を着たり、ショールや長手袋をプラスして、見た目にも温かく着るといいでしょう。

春はパステルカラー、秋は茶色やエンジ色など、冬は暖色系と、合わせる帯や小物の色合いを変えるだけで、各季節に合った着こなしになります。

季節別コーディネート

春

パステルカラーなどの、柔らかくきれいな色合いをとり入れると、春らしくなります。

秋

エンジや茶色、からし色など、秋色カラーを帯や小物に持ってきましょう。

冬

ショールなどを羽織ります。見た目にも温かさを感じさせる暖色系をプラスしても。

さまざまなデニム着物がある

くるりのデニム着物は、ブルー、ブラック、チャコールが定番ですが、実は、ほかにもさまざまあります。

淡い色合いの「利休白茶《りきゅうしらちゃ》」は、くるりでも人気のデニム着物のひとつ。デニムっぽくない色合いで、上品な雰囲気の着物スタイルを楽しめます。また、ヒッコリーなど、ストライプのデニム着物も。日本に昔からある縦縞とよく似ているので、より着物っぽく着ることができます。コーディネートがスタイリッシュに決まる着物です。

もちろん、着心地のよさ、手入れの簡単さ、幅広いコーディネートなど、デニム着物の魅力は、定番3色と変わりません。

利休白茶も人気です

繊細な寂《さ》び色をたたえた美しい地色が人気の、「利休白茶」。色は、その名のごとく、緑をやや帯びた「白茶」。肌がきれいに見える、優しい色合いが特徴のデニム着物です。

利休白茶

利休白茶には、定番3色にはない特徴があります。それは、「洗ったとき、色落ちしない」「時間がたっても退色しにくい」という点。また、織りから生まれる独特の色合いのために、より大人の雰囲気、より上品な着こなしを楽しめるデニム着物です。

デニム着物のバリエーション

ボーダー片身がわりの着物

片身がわりが個性的な、綿麻着物（＊）。こだわりのおしゃれを楽しめます。

太ストライプ着物

存在感十分のストライプ。可愛らしい帯を合わせ、柔らかい印象にまとめて。

インパクト大のレッド着物

大胆な赤の着物ですが、デニム地なので、個性的すぎずに着こなせます。

淡いブルーが上品な着物

縦に入った独特の風合いが特徴のデニム着物。大柄の帯を合わせて。

＊綿麻着物はデニム着物ではありませんが、ストレスフリーの着心地を楽しめる、カジュアルシーンにおすすめの普段着着物です。

ふんわり
チェック柄着物

優しい色合いがキュートな、チェック柄の綿麻素材のカジュアル着物（＊）。

インディゴ
ストライプ着物

粋ですが、どこか女性的な雰囲気も漂う着物。江戸モダンテイスト。

粋な
ストライプ着物

シックな色合いのストライプの綿麻着物（＊）。アンティーク帯でかっこよく。

キュートな
ボーダー着物

淡い色合いのボーダー柄綿麻着物（＊）には、発色のよい帯を合わせて。

いろいろなシーンで活躍

デニム着物はカジュアルな綿着物なので、散歩をするときや家でのくつろぎ着として、また、友だちとの食事や飲み会、ショッピング、デート……と、さまざまな場面で活躍します。

逆に、「デニム着物で行ってはいけないシーンは？」と聞かれたら、結婚式などのフォーマルな場面やお茶会など、一部に限られるほど。デニム着物は紬のように見える無地なので、アート鑑賞や高級レストランで食事といった、かしこまった場面でも、失礼になりません。

この際、きちんとした場所なら、上品な染め柄の名古屋帯、パーティーなら華やかな帯と、帯選びには留意しましょう。

デニム着物は
どんなシーンまでOK?

◎どんな帯でもOK

- カフェ
- 買い物
- 気軽な食事
- 友人たちとの飲み会
- 本屋
- 図書館
- 映画館
- 散歩
- お芝居
- コンサート
- 旅行
- 同窓会

◎名古屋帯などを合わせればOK

- 授業参観
- 美術館鑑賞
- 舞台やバレエなどの鑑賞
- カジュアルな歌舞伎鑑賞(*)
- 高級レストラン
- 結婚式の二次会

×デニム着物NG

- 結婚式
- 入学式・卒業式
- お見合い
- 謝恩会
- 七五三やお宮参り
- お茶会
- 歌舞伎鑑賞(*)

*歌舞伎を見るとき、渋谷シアターコクーンや赤坂ACTシアターのような、近代的な劇場や浅草の下町っぽい劇場なら、デニム着物でもOK。一方、歌舞伎座や新橋演舞場、国立劇場のような、ややかしこまった雰囲気の劇場の場合、1階席にデニム着物は避けましょう。小紋から付け下げ程度の正絹《しょうけん》の着物で。ただし、気軽な3階席なら、デニム着物でも大丈夫です。

デニム着物でいろいろな場所へ

食事をする お茶を飲む

汚れに敏感になりやすい食事のときにも、洗えるデニム着物なら安心。まわりの人にも気を使わせません。

子どもと遊ぶ

子どもと遊ぶときは、動きやすいことが絶対条件。デニム着物なら、行動を邪魔されないので楽です。汚されても気になりません。

アウトドアでのんびり

公園のベンチで読書。デニム着物なら、どんな場所でも気楽に座れ、アウトドアでも安心です。

おけいこやサークル

デニム着物で、気軽な和の習いごとに。帰りにそのまま、ショッピングや食事にためらいなく行けます。

犬の散歩をする

歩いたり座ったりと、動きやすいデニム着物。愛犬との散歩も楽です。犬の毛がついても気になりません。

パーティーに行く

華やかな色合いや柄行の帯を合わせれば、気心知れた人たちとのパーティーへも。小ぶりなバッグがおすすめです。

仕事をする 家事をする

仕事のときも、デニム着物ならキビキビと動けます。ただ、相手に失礼のないよう、着こなしは上品に。

Column 2

デニム着物について、くるりスタッフからの生の声

気兼ねなく ひざを着ける

ショップでは、畳スペースなどで、ひざを着いて商品を広げたり、しまったりと、かなり動きを伴います。着物によっては、ひざの部分がすれて弱くなってしまうことも。でも、デニム着物は丈夫なので心配なし。

迷って、結局 デニム着物を選ぶ

出かけるとき、「今日はどの着物にしようか」と考えますが、結局選ぶのは、たいていデニム着物。やはり、コーディネートが簡単なのは魅力です。それと、時間のないときは、迷わず、デニム着物に手が伸びます。

雨が降るかも…… という日は、 デニム着物

雨の日に着物で出かけるときは、一般的には雨コートを着るのですが、蒸れたり、暑くなったりするし、動きづらい。でも、デニム着物なら、傘だけで十分。少しくらい濡れても、自宅で気楽に洗えるので安心です。

デニム着物の おかげで 新鮮さを楽しめる

デニム着物ばかりをヘビーローテーションで着ているので、たまに、柄や色合いのある小紋を着たとき、なんだかとても新鮮な気持ちになります。おしゃれをしているような気分で……。

デニム着物を着て人に会うと、話題が尽きない

デニム着物を着ていると、意外ときちんとした着物に見えるようです。そのため、デニム地であることに気がつかない人もたくさん。驚かれたり、ほめられたり、たいてい話題になります。

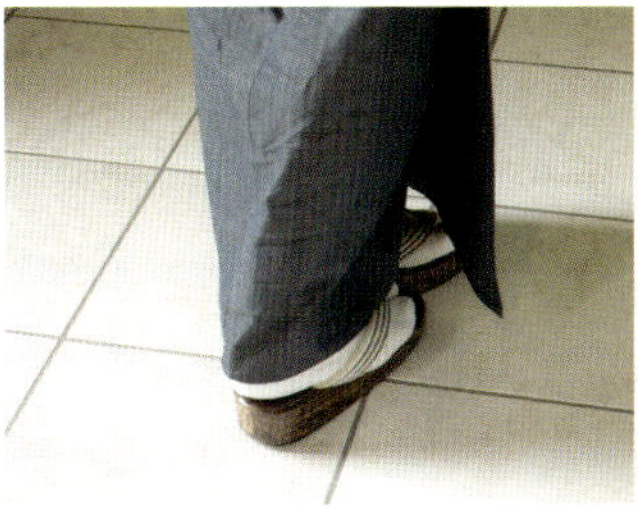

歩くと、絹ずれのような音がする

正絹ならではのキュッキュッという絹ずれの音。くるりのデニム着物は綿ではあるものの、歩いたときの裾さばきによって、この絹ずれのような音がします。まるで正絹の着物を着ているかのような感覚に。

裏地が白くないのでいかにもにならない

通常、デニム地は裏地がやや白いもの。しかし、くるりのデニム着物は、表裏が同じ色合いです。袖や裾から裏地がのぞいても白くないので、デニム着物なのにきちんと感のある着物に見えるというわけです。

メンズのデニム着物もある

くるりのデニム着物は、メンズもあります。着心地やコーディネートの気軽さは、女性のデニム着物と同じ。夫も、「デニム着物なら」と着てくれ、夫婦で楽しんでいます。男性こそかっこいい着物かも。

Column 2

デニム着物について、
くるりスタッフからの生の声

自分サイズのデニム着物をあつらえられる

くるりのデニム着物は、レディース、メンズともに、「S、M、L」の3サイズ展開。ただし、オーダーでの仕立ても可能。より自分に合ったサイズのデニム着物を着ることもできます。

体型に合わせた衿元が自由自在に作れる

一般的に、デニム着物というと、ゆかたにあるような「バチ衿」のことが多いのですが、くるりのデニム着物は、通常の着物の衿の形である「広衿」。好きな衿幅で着付けられます。

半衿は縮緬《ちりめん》生地がおすすめ

デニム着物を着るときは、半衿は、縮緬などの厚みのあるものを合わせるのがおすすめです。ぽってりとした衿元になるので、見た目に柔らかい印象を与えてくれます。より着物らしい着こなしを楽しめるんです。

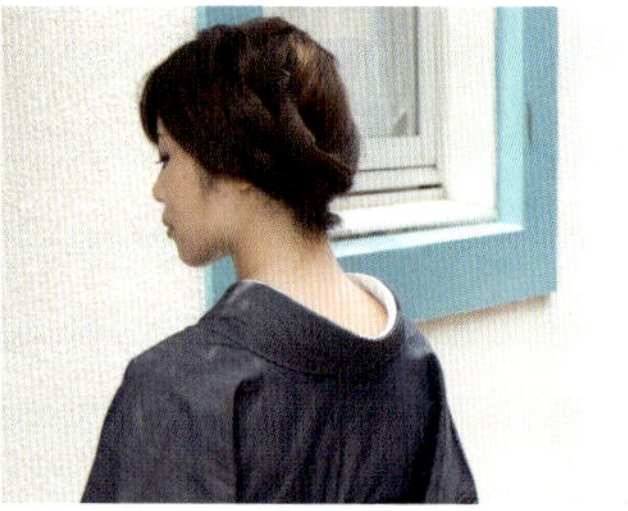

衿の抜き加減は多めに

デニム着物のときは、衿の抜き加減を、普段より少し多めに抜くようにすると、より着物らしい、色っぽい着こなしを楽しめます。デニム着物なので、衿を多めに抜いても、いやらしくなることはありません。

襦袢はきれいな色合いのものを

たもとや裾からちらりとのぞく色香は、着物の楽しみのひとつ。無地のデニム着物だからこそ、そんな趣をより楽しむことができます。下に着る襦袢は、きれいな色合いのものを選ぶのがおすすめです。

補正はタオル一枚巻くだけで

補正は、より美しい着物姿にするという目的のほか、しっかりと結んだ腰ひもがウエストに直接食い込むのを防ぐ役目も。デニム着物なら、タオルを一枚巻いておくだけで十分です。

生地の伸びているところがあったら、スチームアイロン

たくさん着れば着るほど、体の動きによって負荷がかかる部位の生地が伸びてきます。そんなときは、スチームアイロン。しわだけでなく、伸びた生地もすばやく直すことができます。

アイロンが面倒ならびちょびちょ干し

洗ったあとのアイロンがけ、意外と大変です。それを楽にする方法がこれ。洗濯機で洗うとき、脱水はほとんどかけず、びちょびちょのまま、物干し竿に通して干します。水の重さでしわが伸びてくれます。

Stylish

3
CHAPTER

デニム着物の着こなしレッスン
～くるりの10か条～

頭の先からつま先まで、デニム着物を着る際の、くるり流の着こなしやコーディネートのコツを独断的にアドバイス。

1. 半衿と足袋は、白

くるり流に着こなすなら、半衿と足袋には「白」を。白は、清楚で洗練されたイメージを与えてくれます。

　まず、首まわりに白を持ってくることによって、すっきりとした印象に。顔映りをよくしてくれる、レフ板のような効果も期待できます。また、ときには刺しゅう入りの白半衿も。ただし、刺しゅうの糸も、白など目立たないものがいいでしょう。

　足袋もまた白足袋をはくことで、すっきりとした清潔感のある足元に見えます。

半衿が真っ白だと、顔映りが青白く見えてしまいます。白といっても、オフホワイトや生《き》成《なり》ぐらいの、柔らかな白がおすすめ。色黒の人にも、しっくりなじんでくれます。

上から、別珍、綿、麻。足袋も白を選びますが、寒暖によって素材をはき分けましょう。とくに厳冬期には、オフホワイトくらいが温かな印象です。

シックな色合いのデニム着物だからこそ、半衿の白さがより引き立ちます。

清潔感ある白足袋で。デニム着物と合わせると、足元が引き締まって見えます。

2. 帯結びは角出し

着物は洋服のとき以上に、後ろ姿が印象的に映るもの。一見地味になりがちなデニム着物を、素敵な着姿にするコツ。それは、帯結びを「角《つの》出《だ》し」にすることです。実際、お店でも、くるりのスタッフはたいてい、帯を角出しに結んでいます。

角出しなら、きちんと感の強いお太鼓とはひと味違う、粋な印象を漂わせることができます。さらに、帯枕を使わないので、締めつけ感が少なく、長時間締めていても楽に過ごせるというメリットもあります。

帯結びが早くできる

帯枕を使わないので、着付け小物が減らせる上、帯結びも、ひと手間減らせます。

締めつけ感が少なく、楽

帯枕のひもが一本ないだけで、締めつけ感がぐっと軽減。長時間着ていても楽です。

粋に見える

粋＋ラフさがあり、かしこまりすぎない着姿に。カジュアルな気楽さが増します。

角の形で雰囲気を変えられる

「角」の下線をまっすぐではなく、丸みを持たせたカーブにすると、柔らかな印象に。

無地のデニム着物に、大胆な柄行の帯を角出しに結ぶだけで、目を引く後ろ姿に。

3. 模様入り帯揚げで存在感を

帯まわりのアイテムである、帯揚げ。くるり流に楽しむなら、絞り柄や染め柄が入った帯揚げがおすすめです。

帯揚げは、帯の上に少し見えるだけのアイテムですが、シンプルなデニム着物だからこそ、その存在は大きいもの。絞りの風合いや染め模様のニュアンスが、印象的な胸元にしてくれます。このとき、発色のよい色合いの帯揚げを選べば、ポイントカラーにもなります。コーディネート全体をぐっと引き締めてくれるでしょう。

写真右下は、染め模様の入った帯揚げ。淡い色合いなので、上品な雰囲気に。写真左下は、さまざまな染め柄が入った帯揚げ。シンプルな柄行の帯に合わせると、ポイントになります。写真一番下は、ほどよいボリューム感が魅力の、花絞りの帯揚げ。存在感のある胸元を作れます。

シックなブラックのデニム着物に、ボリューム感のある、からし色の帯揚げをプラスしました。

4. 帯締めにポイント色を

くるりの理想とする着こなしは、メリハリの効いたコーディネート。そのコツは、コーディネートの中に1カ所だけ、ポイントとなる色をとり入れることです。その決め手となるアイテムが、帯締め。帯締めは一本の線で、見える面積としては少ないのですが、着こなし全体の雰囲気を左右するといっても過言ではないくらい重要。

なお、帯締めは、適度な伸縮性があって、結びやすさ抜群の「冠組《ゆるぎぐみ》」がおすすめ。一年を通して使えるので、重宝します。

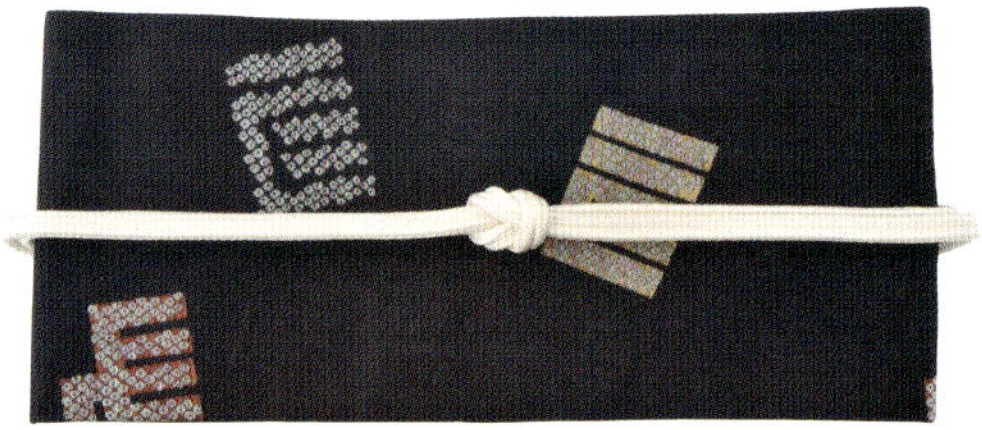

蜜色の帯締め。合わせる帯の色や柄行を選ばずに楽しめます。

すもも色の帯締めは、可愛らしさと女性らしさをあわせ持ちます。

モダンな印象の紺碧《こんぺき》色。コーディネートを引き締めてくれます。

シックな着物と帯に、きれいな若苗《わかなえ》色の帯締めで、メリハリのある着こなしに。

5.
モチーフのない帯留めを選ぶ

帯まわりのポイントアイテムといえば、帯留め。くるりのおすすめは、ただの丸や四角といった、モチーフのないもの。主張しすぎない、さりげない帯留めをさらりとつけるのが、かっこいいと考えます。

　例えば、花や動物など、モチーフの絵がついていたり、モチーフの形になった帯留めだと、コーディネートが限定される上、場合によっては、あかぬけない印象を与えてしまうことも。モチーフのないものなら、季節も選びません。

コロンとした、トンボ玉の帯留め。シンプルな形であるものの、ひとつひとつ表情があります。帯の上にあっても、主張しすぎません。

シンプルな丸さが可愛い、ガラスの帯留め。つるんとした表情です。発色がよいので、帯まわりのポイントとしても役立ちます。

甘めの着こなしには、暗色の帯留めを。人の手によって作られた、自然な形です。

白い帯留めは、シックな色合いの着こなしに。ひとつ持っていると重宝します。

6.

バッグは洋服のときのもので

着物だからといって、和小物にこだわらないのがくるり流。バッグや小物は、和洋兼用で使えるものが一番です。カジュアルでシンプルなデニム着物なら、なおさらのこと。洋服のときに使っているバッグを合わせてみてください。どんなバッグも、しっくりなじみます。

帯同様、バッグは、着物姿全体のテイストを左右するアイテム。カジュアルな雰囲気にしたいか、落ち着いた雰囲気にしたいか、気分や出かける場面によってバッグを選びましょう。

ほどよい小ささが魅力のチェーンバッグ。これひとつでも、サブバッグとしても。

意外に着物と相性がよいのが、レザーバッグ。ポイントカラーとなる色のバッグでも。

コロンとしたフォルムが愛らしいビーズバッグ。パーティーシーンに断然おすすめです。

かごバッグも、デニム着物との相性抜群。小さいかごも大きいかごも、よく合います。

カジュアルバッグの定番。デニム着物を普段着として楽しむときにおすすめです。

小紋や紬《つむぎ》の着物に比べ、デニム着物だと、選ぶバッグの幅がぐんと広がります。

7. 防寒にはショールを巻く

肌寒いときなどに羽織る、羽織や道行《みちゆき》コート。着物ならではの着姿を楽しめる素敵なアイテムではありますが、カジュアルシーンで楽しむなら、防寒アイテムとしては、ショールが気軽です。

とくに、デニム着物は無地なので、ショールを一枚合わせるだけで、がらりと印象を変えることができます。道行コートや羽織より、大げさにならない点もメリットです。バッグ同様、ショールも、洋服のときに使っているものを着物にも。

着物は首元が寒いので、防寒に

着物は首元が寒いもの。ショールですっぽり包めば、とても温かく過ごせます。

着物にも洋服にも使える

いつも洋服のときに使っているショールで十分。和洋兼用で使えるのは、うれしい点。

ひざかけとして代用

室内では、ショールをひざかけとして代用できます。食事のときは着物の汚れ防止にも。

道行コートや羽織よりリーズナブル

一般的に、ショールは手に入りやすい値段。羽織を買うより安くつきます。

柄のあるショールは、羽織るだけで雰囲気が変わるので、重宝するアイテムです。

無地のデニム着物だからこそ、ショールのもこもこした素材感が際立ちます。

8. 舟形の下駄がおすすめ

カジュアルシーンで楽しむ下駄なら、「舟形《ふながた》」がおすすめ。舟形は、下駄なのに一見草履に見える履物。底にゴムがついているので歩きやすく、下駄特有のカランコロンという音も響きません。音がご法度の劇場やホテルへも履いていけます。

また、台が足にほどよくフィットする形なので、安定感があります。長時間履いていても疲れにくいのが特徴です。

なお、デニム着物なら、フォーマルの草履以外、さまざまな草履、下駄に合わせられます。

白木

ナチュラルな木目が優しい雰囲気。初心者の人の、はじめての下駄としておすすめです。

黒塗り

一足持っていると重宝する黒塗り。草履に近い雰囲気なので、パーティーシーンにも。

桜

桜ならではの木目や色合いが美しく、カジュアルながらも上品な足元を楽しめます。

木目が美しい白木の下駄。ふんわりとした優しい雰囲気の足元を楽しめます。

黒塗りの下駄だと、カジュアルなデニム着物でも、エレガントな雰囲気に。

9. 二部式襦袢が便利

気楽に楽しむデニム着物には、長襦袢《ながじゅばん》より二部式襦袢がおすすめです。二部式襦袢は、半衿つき半襦袢と裾よけに分かれているもの。身長に合わせたサイズ調整が可能です。

　また、衿元などに着崩れが起こりにくいという利点も。さらに、洗える素材のものが多いので、洗濯機で洗える気軽さも魅力です。

　デニム着物のたもとや裾からちらりと見えたとき、見る人がハッとするような、きれいな色目の襦袢を選びましょう。

サイズ調整がしやすい

上下に分かれているので、小柄な人でも、長身の人でも、身長に合わせて着られます。

着崩れの心配がない

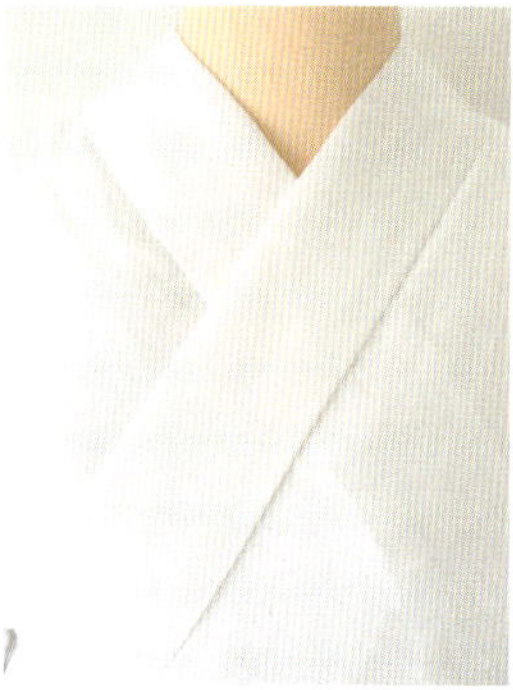

上下に分かれていることで、体の動きによる引っ張りを緩和し、着崩れを防ぎます。

洗濯がしやすい

二部式襦袢は、たいてい洗える素材。自宅で気軽に洗うことができます。

着るものが少なく済む

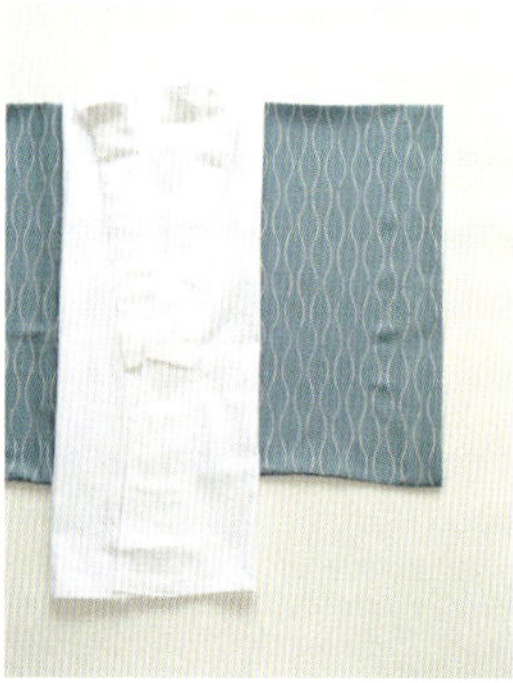

半衿つき半襦袢は、肌襦袢と長襦袢を兼ねたもの。着るものを一枚減らせます。

二部式襦袢のトップのほう、半衿つき半襦袢。胴部分の素材は綿です。

二部式襦袢の裾よけ。裾さばきをよくするために必要なアイテムです。

10. うなじを見せるヘアスタイル

洋服では表現できない、着物姿ならではの美しさがあります。そのひとつとして挙げられるのが、すっきりした首元。衣《え》紋《もん》を抜いた後ろ姿には、着物姿独特の魅力や色っぽさ、美しさが漂います。

カジュアルなデニム着物といえども、せっかく着物を着るのなら、この魅力を存分に楽しんでいただきたいもの。

ショートカット以外の人は、首元が美しく見えるよう、髪をさらっとアップにまとめるといいでしょう。

1、江戸更紗《さらさ》のかんざし。／2、べっこうのかんざし。独特のあめ色が上品。／3、木のかんざし。くるりとした先端が特徴的。／4、飾りがぶら下がるタイプの、銀のかんざし。／5、きれいな色のガラスのかんざし。／6、モダンな柄行の、うるし塗りのかんざし。／7、揺れる飾りが可愛い、銀のかんざし。／8、トンボ玉のヘアゴム。

1

2

3

4

5

6

7

8

下めに作ったおだんごスタイル。着物では、これくらいの高さがおすすめです。

ざっくり編んだ三つ編みをトップで留めた、大人可愛いヘアスタイルです。

Column 3

くるりスタッフの デニム着物

デニム着物のヘビーユーザーである
くるりスタッフたちのコーディネート。

片岡由美子。ブラックダンガリーデニムに鮮やかな帯を合わせた、色合いがポイントのコーディネート。帯になじむ色の小物を。

岩田香澄。はんなり優しいナチュラルカラーのデニム着物に、目を引く色の帯を合わせました。トンボ玉の帯留めをワンポイントに。

早福理恵子。ブラックデニムにモダン柄の帯。すもも色の帯揚げをのぞかせ、シンプルな中にも女性らしさを感じさせる着こなしに。

荻原春奈。ヒッコリーデニムにざっくりした風合いの織りの帯を合わせて。淡いトーンのコーディネートを帯締めの色で引き締めて。

Column 3

くるりスタッフのデニム着物

内海裕子。渋めカラーが魅力のチャコールデニムですが、ポップな色合いの帯と小物で、カラフルポップにまとめています。

三橋真実。秋色カラーのデニム着物コーディネート。目を引く色合いの帯が主役になるよう、帯まわりの小物はトーンを控えめに。

木下絵理香。ブルーデニム着物に、あえて同色系の帯を合わせて。着こなしのポイントとなる小物の色彩を生かしたコーディネート。

斉藤真未。利《り》休《きゅう》白《しら》茶《ちゃ》デニムは淡い色合いなので、大輪の牡丹《ぼたん》が咲く帯と、上品な色合いの帯揚げを合わせて、華やかな印象の着こなしに。

Try it on!

4

CHAPTER

デニム着物を着てみましょう

二部式襦袢《じゅばん》の着方から、デニム着物の着付け、角《つの》出《だ》しや半幅帯の結び方まで、くわしく紹介します。さぁ、さっそく、デニム着物を着てみましょう。

肌着の選び方

タンクトップ
キャミソール

肌に直接つける肌着。通常、着物を着るときには、肌襦袢を着ますが、カジュアルに楽しむデニム着物の肌着なら、キャミソールやタンクトップで十分。このとき、タンクトップは、後ろ衿ぐりが広めのものを選びましょう。

裾よけ

腰から下につける肌着。裾さばきをよくする上、着物の汚れも防ぎます。長襦袢を着るときは、この裾よけが必要ですが、二部式襦袢のときには、二部式の裾よけのみでＯＫ。この裾よけは省いても構いません。寒い時期には、両方着けると温かくなります。

二部式襦袢を着る

用意するもの　二部式襦袢、腰ひも、伊達締め

1

裾よけをつけます。足袋をはいたら、上前《うわまえ》の位置を決めます。左手を右の腰骨に持っていき、上前の端を体の右側に合わせます。

2

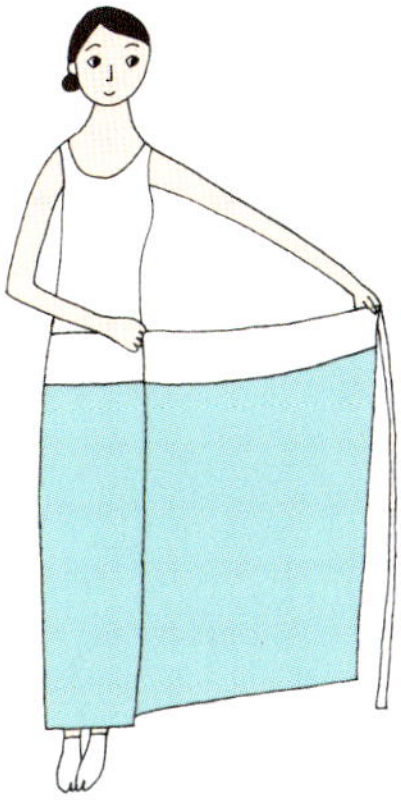

1 で決めた位置をずらさないように、右手を左の腰骨へ持っていき、下前《したまえ》を合わせます。このとき、褄先《つまさき》を少し上げます。裾は、足袋の上端が見えるくらいに。

3

上前を合わせて、右脇で左手を使って、褄先を少し上げます。裾はあまり細くせずに筒状にすると、歩きやすくなります。

4

裾よけのひもを、後ろで交差させます。

5

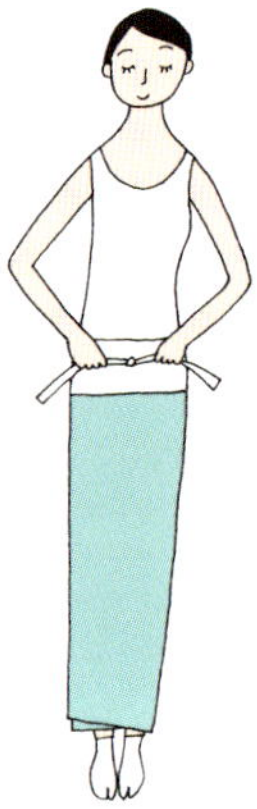

一度ギュッと締め、緩まないように前で結びます。

6

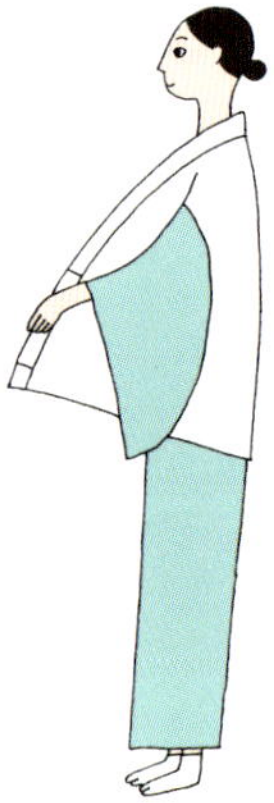

半衿つき半襦袢を着ます。衿芯を入れて半襦袢を羽織ったら、左右の共衿《ともえり》を持って、左右の衿先を体の正面で合わせます。

7

左手で左右両方の衿先を持ち、右手で背縫《せぬ》いを持って下に引き、衣《え》紋《もん》を抜きます。このとき、衣紋は握りこぶし1個分を目安に。

8

下前、上前の衿を合わせます。のど下のくぼみを目印にして、下前の衿先を左脇まで合わせます。

9

同じく、のど下のくぼみを目安に、上前の衿を右脇まで合わせます。そして、合わせ目が体の中心になっているかを確かめます。

10

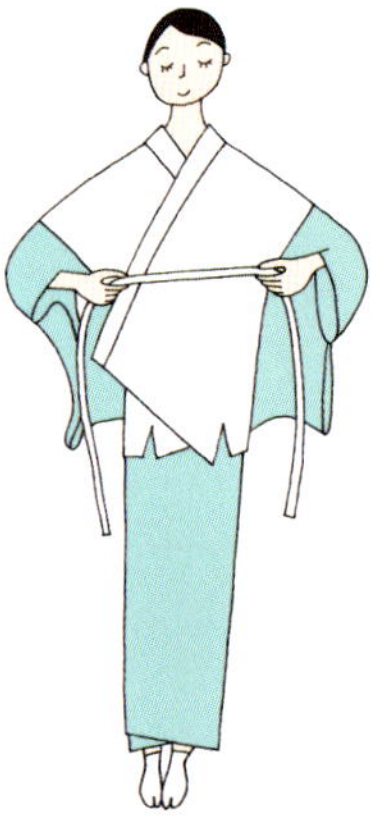

衿の合わせがずれないように、腰ひもを結んでいきます。腰ひもの真ん中を上前の衿に合わせて持ち、バストよりやや下の位置にひもを合わせて、後ろへ回します。

11

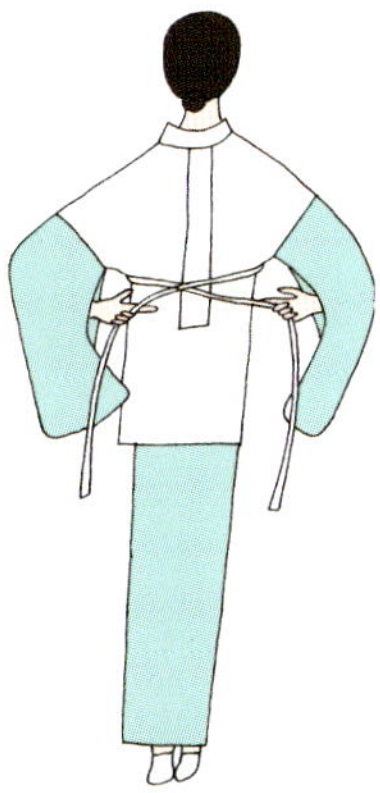

後ろで交差させます。

12

前に回し、腰ひもを結びます。余ったひもは両脇のひもに引っかけて、しまい込みます。衣紋を下に引き、胸元や背中の余分なしわは脇に寄せておきましょう。

13

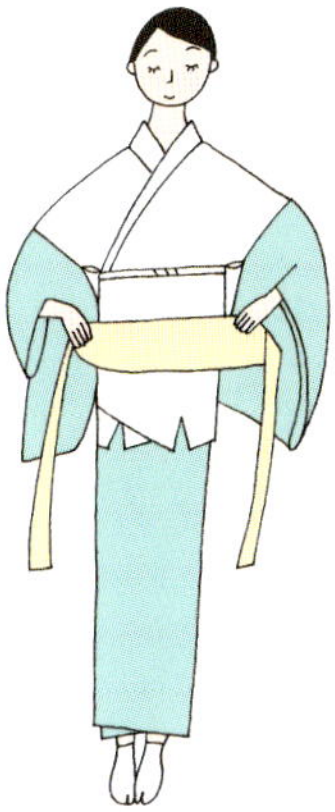

伊達締めを締めます。伊達締めの真ん中を右脇にあてて、後ろへ回します。

14

伊達締めを後ろで交差させて、下になったほうを折り上げます。

15

前で伊達締めをひとからげさせて引っ張り、そのあと、左右反対方向に再度引っ張って、両脇の伊達締めに引っかけます。

16

完成です。

デニム着物を着る

用意するもの

デニム着物、腰ひも、伊達締め

1

着物を後ろに回し、肩から羽織ります。

2

振りをそろえたら、両袖を持って引き、左右のバランスが同じになるように調節します。

3

衿先から10センチのところを持ち、いったん後ろの裾を持ち上げてから、床すれすれになるまで下ろします。

4

上前（左手）を、衿下線が右腰骨あたりに来るように決め、あとの余分なところは、下前（右手）のほうに引いておきます。

5

4 で決めた位置を動かさないようにしながら上前を開き、下前を巻き込みます。褄先はやや多めに上げます。

6

褄を少し上げながら上前を重ね、腰ひもを右腰骨あたりで結びます。この部分の腰ひもが緩いと着崩れの原因となるので、しっかりと。

7

左右の身《み》八《や》つ口《くち》から手を入れて、前後のおはしょりを整えます。

8

衿元を軽く整えます。

9

下前の衿幅を整えたら、下前のおはしょりを斜めに折り上げます（おはしょりを一重にするため）。上前の衿幅を整え、半衿は合わせ目で2センチ程度のぞくように調整します。

10

胸の下あたりで腰ひもを合わせます。

11

背中で交差したら、前で結びます。

12

背中や前身ごろのしわを両脇に集めます。

13

おはしょりが長いときは、水平になるよう、余分な部分を持ち上げます。

14

集めたたるみを隠すように、伊達締めを結びます。

15

完成です。

16

後ろ姿。

名古屋帯を結ぶ（角出し）

用意するもの

名古屋帯、帯板、腰ひも、
着物クリップ、帯揚げ、帯締め

1

手の長さを決めます。帯板をつけたあと、帯を後ろに回し、手先の長さを少し長めに（肩にかけたとき、帯の下線を過ぎるくらい）とり、肩にかけます。

2

帯を胴にひと巻きし、下側（輪のほう）を持ってしっかり締めます。ゴムなしの帯板の場合は、ここで帯板を入れます。

3

帯をもうひと巻きします。

4

左手で肩にかけておいた手先を持ち、苦しくない程度に再度しっかり締めます。

5

下ろした手先の上に、たれ先を折り上げます。

6

折り上げたたれ先を、腰ひもで仮留めしておきます。

7

その上に、手先を重ねて前へと持ってきます。

8

手先を前に持ってきたら、着物クリップで仮留めしておきます。

9

その上にたれ先を下ろしたら、結び目の根元からきれいに広げます。

10

結び目から 25 センチくらい下の帯の内側に、三つ折りにした帯揚げをあて、たれを持ち上げます。

11

胴に巻いた帯の上線と同じくらいの高さで帯山を作ります。

12

ほどけないようにしっかりと帯揚げを結びます。

13

帯締めをたれの内側にあて、両手で帯と帯締めを一緒に持ちます。

14

そのまま帯を折り上げます。たれの長さは少し長めに。

15

反対側から見ると、こうなります。

16

帯締めを前に回し、しっかりと締めます。

17

前で留めておいた手先の着物クリップをはずし、後ろへ回します。

18

お太鼓部分の中に手先を通していきます。

19

両側の手先が、左右から同じ長さ分出るように、バランスを整えます。

20

6 で仮留めした腰ひもをはずし、お太鼓部分の中に手を入れ、形を整えたら、完成です。

半幅帯を結ぶ（割り角出し結び）

用意するもの　半幅帯、帯板

1

まず手先を幅半分に折り、100センチほどとります。

2

体の中心に合わせたら、巻いていきます。

3

ひと巻きしたら、帯の下側を持ち、一度締めます。

4

さらに、もうひと巻きします。

5

2巻き目は、帯を下から斜めに折り上げます。

6

その上に、肩にかけておいた手先を下ろします。

7

下ろした手先をすぐ下の帯に通して引き抜き、ギュッと結びます（手先が上）。

8

手先を適度な長さに折り畳みます。体の幅くらいが目安です。

9

折り畳んだ手先を寄せて持ち、中心でつまみます。

10

その上にたれ先をかぶせたら、結び目の後ろを上から通していきます。

11

すべて引き抜いたら、一度ギュッと締めます。

12

もう一度、たれ先を持って、結び目の後ろを上から通します。このとき、すべては引き抜かず、少したるみを持たせます。

13

最後に、たれ先の余った部分を、結び目の裏に入れ込みます。

14

リボンの形を整えます。

15

右手でリボンを押さえ、左手で帯の下部分を持ったら、時計まわりに回します。

16

最後に帯板を入れたら、完成です。

くるりのデニム着物が買える店

株式会社くるり
東京都渋谷区神宮前 3-18-42
ル・シャージュ神宮前 301
tel 03-3403-0633
http://www.kururi.net/

くるり OMOTESANDO
東京都港区北青山 3-5-9
中央珈琲本社ビル 1F
tel 03-3403-8280
http://www.kururi-omotesando.com/

くるり agaru
東京都渋谷区神宮前 4-25-7
コーポ K ビル 2F
tel 03-3403-0319
http://www.kimonoya-kururi.com/agaru.html

くるり kesa
東京都武蔵野市吉祥寺本町 2-10-10
Faro ビル 4F
tel 0422-28-7088
http://www.kimonoya-kesa.com/

くるり nagoya
愛知県名古屋市中区栄 3-27-15
DAC ビル 2F
tel 052-238-0878
http://www.kururi-nagoya.com/

着物スタイルズショップ
http://www.kimono-styles.com/

くるり SHKKI
http://www.rakuten.ne.jp/gold/kururi-poche/

■その他商品お問い合わせ先

豆留め（表紙、p.14、22）
ui
梅の
http://www.umeno.org/

ショール（p52、80、81）
つばめ工房
東京都台東区鳥越 1-12-1
http://tsubamekobo.com

＊以上２件は、くるり各店舗でもお問い合わせ可。

くるりのデニム着物　ＱＲコード

携帯電話のバーコード読み込みをすることにより、商品紹介ページを見ることができます。

ブルーデニム

チャコールデニム

ブラックデニム

利《り》休《きゅう》白《しら》茶《ちゃ》デニム

おわりに

くるりが、世界ではじめて「デニム着物」を開発してから約10年が経ちます。

発表当初、この本当の意味での「普段着キモノ」であるデニム着物に対し、賛否両論が絶えませんでした。残念ながら、「着物の歴史を汚すモノだ」「邪道だ」ととらえる方々も多かったのです。

ただ私たちは、デニム着物は、「現代を生きる人たちが楽しむ着物」として最適だと考えております。その結果として、多くのファンを増やしていったことも事実でした。

こうして、くるりが提案する「デニム着物」という新しい領域が、少しずつですが、たくさんの方たちに認められ始めているのです。

デニム着物の出現は、着物の歴史にとって、とてつもなく大きな事件といえるでしょう。これほどまでに開放的で、これほどまでにファッショナブルな着物が誕生したのですから。

しかしながら、着物は、日本の美しい伝統文化として現代まで受け継がれてきている民族衣装です。変わることなくこれからもそのまま受け継いでいく部分と、現代の生活に対応した楽しみ方ができるように変えていく部分。この両者は、きちんと意識して考えていかなければならないことだと思っております。

また、伝統工芸士さんなどの高年齢化や仕事の減少によって、古くから伝わる素晴らしい伝統技術や工芸品が年々衰退しているという現状もあります。「今」だけに目を向けても、「伝統」ばかりに目を向けても、本当の意味で、日本の素晴らしい文化を後世へと残し伝えていくことはできません。

今回、本書を出版することによって、たくさんの方たちにデニム着物を知っていただき、「着物を着てみよう！」「着物って楽しい！」と気づいていただくためのきっかけになれば、とてもうれしく思います。

そして、着物に慣れ親しんできたときには、「現代に生きる人たちが楽しむ着物」として最適なデニム着物と、「ずっと受け継がれてきた伝統工芸品」の帯を合わせるという、「現代」と「伝統」が融合した着こなしも楽しんでいただけたら、とても素敵なことだと思います。

これから着物を楽しみたいと思っている方も、着物に多く触れ合ってきている方にも……。カジュアル着物の定番として、「デニム着物」がたくさんの方たちに親しまれていきますように。

着物屋くるり

着物屋くるり

一般的にいう「呉服店」「着物屋」とはまったく違う、独自のスタイルを持った、スタイリッシュな「キモノショップ」。型にはまらない自由な発想による革新的な商品や、「きものビギナーズスペシャルレッスン」「きものコンシェルジュサービス」「和の女塾」などのコンテンツでも、絶大な人気を得ている。「キモノ」が刺激的で魅力にあふれた「文化」であるということ、22 世紀に向けて進化し続ける「生きたファッションの潮流」であることを発信し続けている。

大竹恵理子

1980 年生まれ、埼玉県出身。長沼静きもの学院卒。くるりのロゴを手がけるなど、女流書道家としての顔を持つかたわら、着付け師として活躍中。現在、株式会社くるり所属。著書に『ファブリック帯の本』（河出書房新社）がある。

撮　影／本間直子、長井陽子（くるり）
モデル／木村有里、清水美沙子、花渕美紀
ヘアメイク／八谷まり子
着付け・スタイリング／大竹恵理子（くるり）
イラスト／祖父江ヒロコ
ブックデザイン／佐久間麻理
編　集／小畑さとみ

デニム着物の本

2010 年 9 月 20 日　初版印刷
2010 年 9 月 30 日　初版発行

著　者　着物屋くるり
発行者　若森繁男
発行所　株式会社河出書房新社
東京都渋谷区千駄ヶ谷 2-32-2
電話（03）3404-8611（編集）
電話（03）3404-1201（営業）
http://www.kawade.co.jp/

印刷・製本　図書印刷株式会社

Printed in Japan

ISBN978-4-309-28224-4